My Book of Letters

Illustrated by Richard Watson

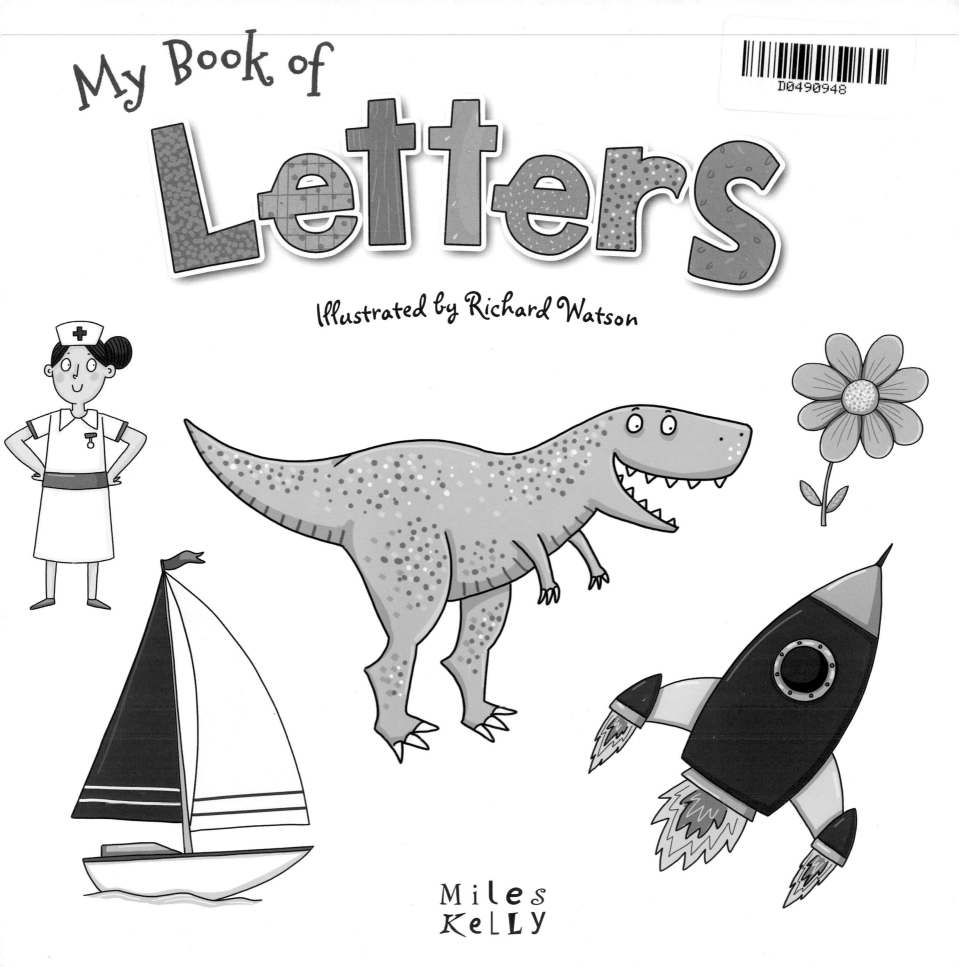

Miles
Kelly

Aa

apple

ant

astronaut

ambulance

anchor

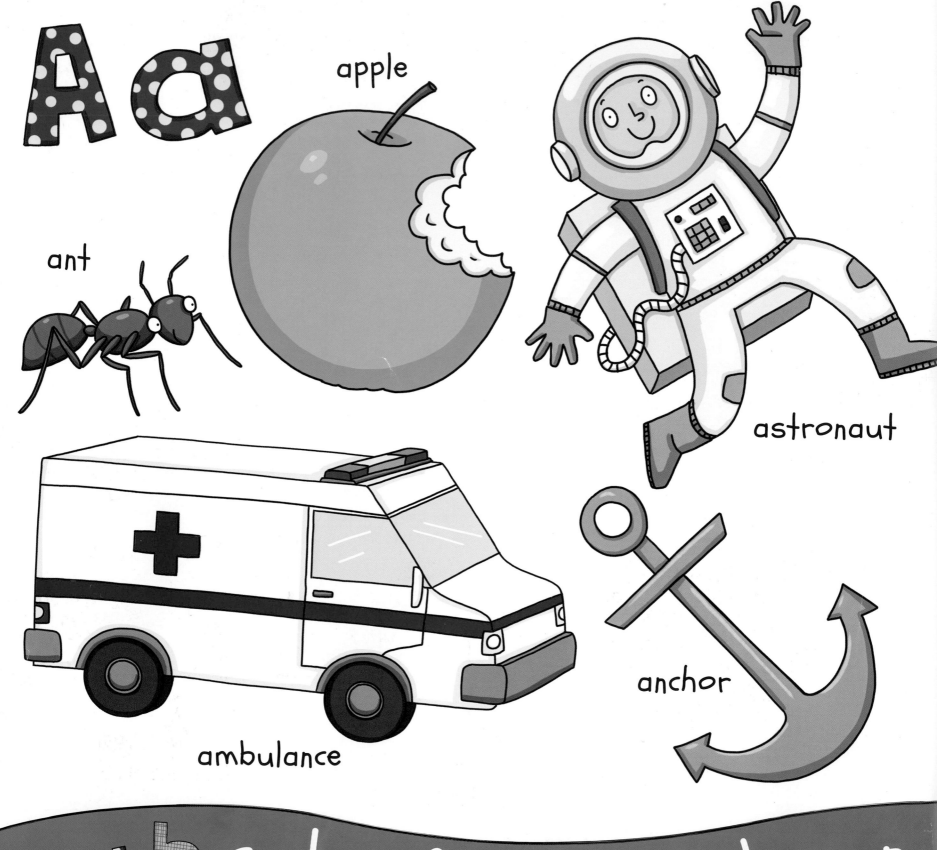

2 a b c d e f g h i j k l m n

B b

What colour is the balloon?

boy

balloon

bus

bicycle

ball

book

butterfly

o p q r s t u v w x y z

C c

car

clock

castle

How many candles are on the cake?

caterpillar

cat

cake

cow

a b c d e f g h i j k l m n

D d

dragon

dog

dolphin

dinosaur

digger

o p q r s t u v w x y z

5

Ee

How many ears does the elephant have?

elephant

egg

elf

envelope

a b c d e f g h i j k l m n

Ff

feather

fox

fire

flower

foot

fairy

fish

o p q r s t u v w x y z

Hh

helicopter

hen

hand

horse

hat

hair

head

o p q r s t u v w x y z

9

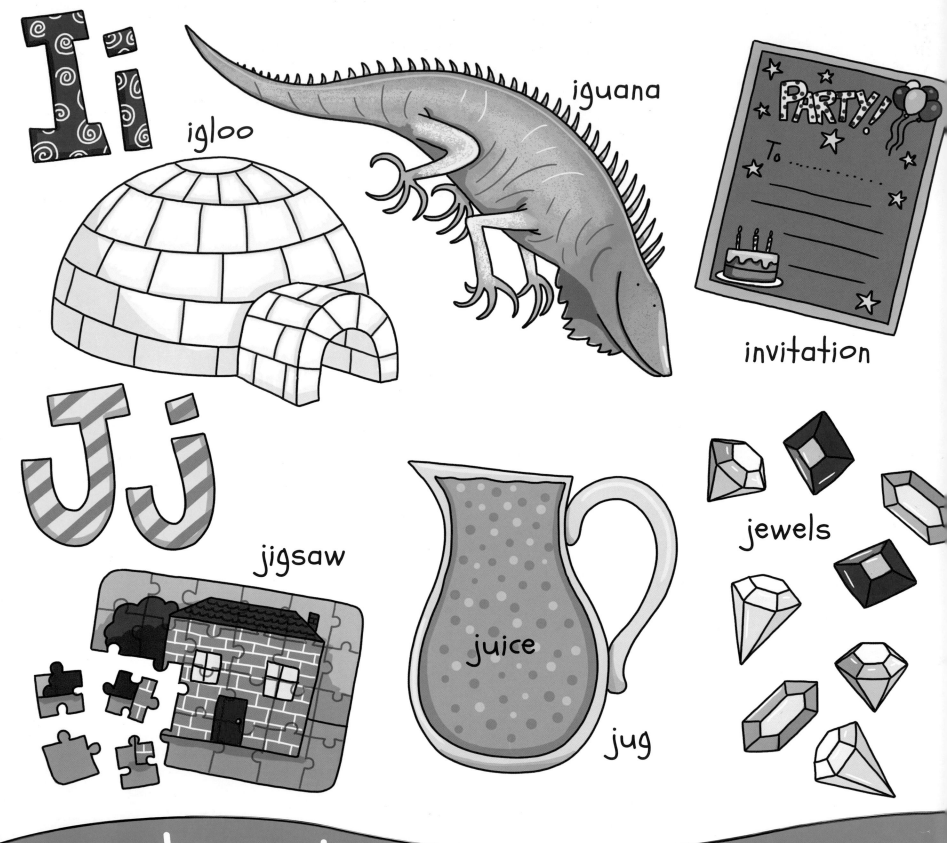

Ii

igloo

iguana

invitation

Jj

jigsaw

juice

jug

jewels

a b c d e f g h i j k l m n

Kk

kite

key

kitten

king

How many bows are on the kite?

o p q r s t u v w x y z

11

Ll

ladybird

lemon

leaf

How many spots are on the ladybird?

lamb

lion

a b c d e f g h i j k l m n

Mm

mouse

moon

motorbike

Nn

nut

nurse

nest

necklace

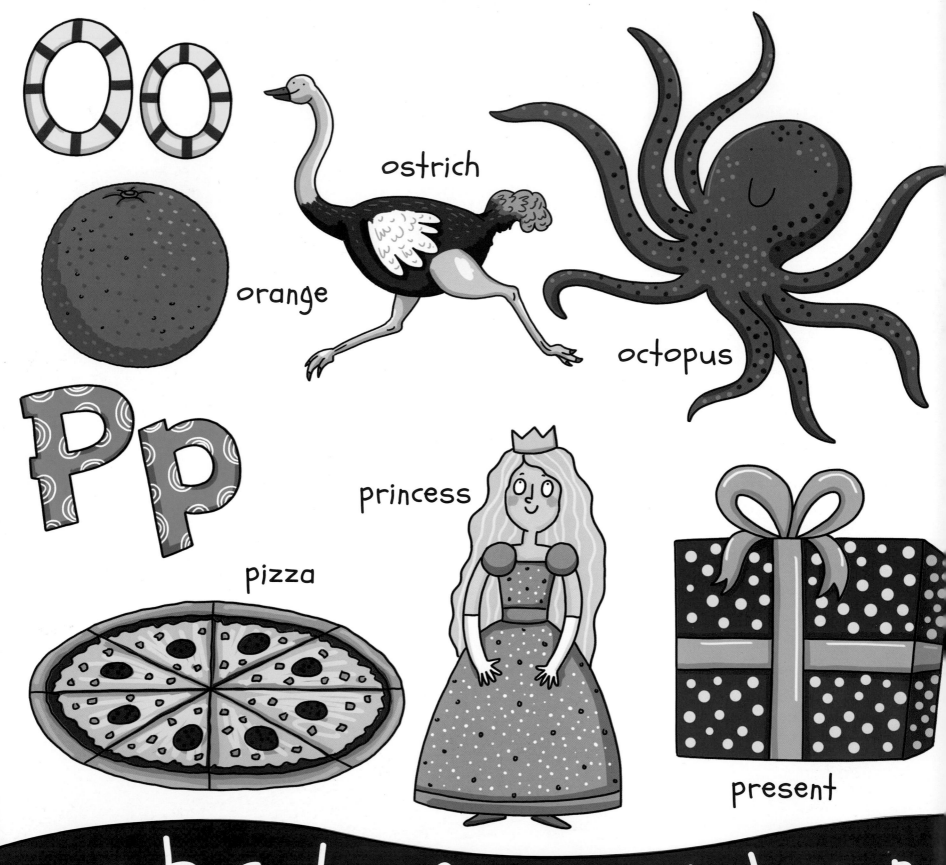

Oo

orange

ostrich

octopus

Pp

pizza

princess

present

a b c d e f g h i j k l m n

pirate

penguin

puppy

pencil

What colour is the princess's dress?

paper

paint

paintbrush

Qq

quilt

question mark

queen

Rr

rabbit

rain

rainbow

a b c d e f g h i j k l m n

ring

How many colours are in the rainbow?

robot

rocket

raspberry

rat

Ss

sandwich

sun

snake

What pattern is
on the socks?

slippers

sausage

socks

seahorse

a b c d e f g h i j k l m n

Tt

train

tomato

teddy

tractor

tree

tiger

toothpaste

toothbrush

o p q r s t u v w x y z

19

Uu

up

upstairs

umbrella

Vv

vase

volcano

van

a b c d e f g h i j k l m n

W w

watch

wheel

web

wand

What colour is the wizard's beard?

whistle

wizard

whale

o p q r s t u v w x y z

X x

xylophone

x-ray

What colour is the yo-yo?

Y y

yoghurt

yacht

yo-yo

a b c d e f g h i j k l m n

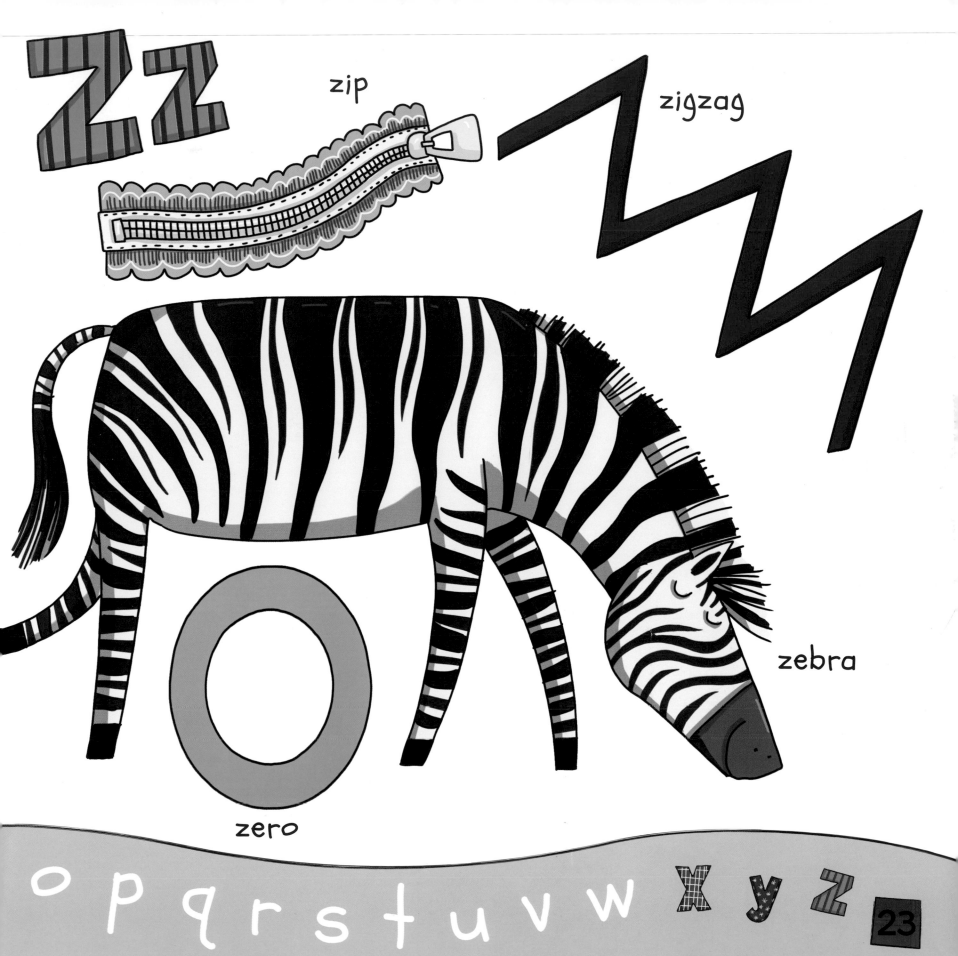

Zz

zip

zigzag

zebra

zero

o p q r s t u v w x y z

23

Can you find?

Look back in your book to see if you can find the following things.

butterfly

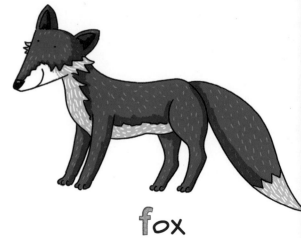

fox

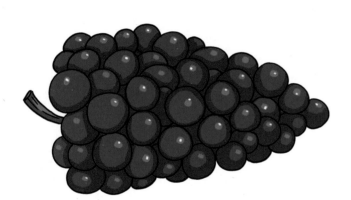

grapes

leaf

motorbike

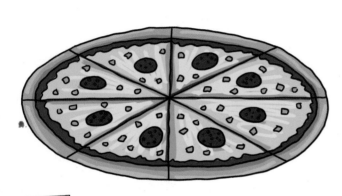

pizza

Sun

Umbrella